A SON EXCELLENCE

M. LE COMTE DE VILLÈLE.

LETTRE

A SON EXCELLENCE

M. LE COMTE DE VILLÈLE,

MINISTRE DES FINANCES,
PRÉSIDENT DU CONSEIL DES MINISTRES, etc., etc.,

SUR

LE PROJET DE REMBOURSEMENT
OU DE RÉDUCTION
DES RENTES;

PAR LE COMTE DE MOSBOURG.

PARIS,
IMPRIMERIE DE LACHEVARDIERE FILS,
SUCCESSEUR DE CELLOT,
rue du Colombier, n. 30.
1824.

A SON EXCELLENCE

M. LE COMTE DE VILLÈLE.

Paris, le 26 mars 1824.

MONSIEUR LE COMTE,

Lorsque, en 1816, le ministère français fut dans la nécessité de recourir au crédit pour payer notre rançon à la coalition armée de l'Europe, je vis avec effroi qu'une coalition financière allait lui imposer le système funeste des emprunts anglais, avec toute l'oppression à laquelle nos malheurs pouvaient nous soumettre.

J'étais retenu à Berlin; mais j'apercevais si clairement les dangers de la route dans laquelle on allait s'engager, que j'aurais cru trahir mon pays en négligeant de les signaler.

Sous les dates du 2 décembre 1816, du 8 janvier et du 5 mars 1817, je fis parvenir une suite d'observations sur ce sujet important à l'un des ministres du roi, qui en donna communication à ses collègues, et qui les mit sous les yeux de Sa Majesté.

Je représentais avec franchise, et avec toute l'énergie que peut inspirer une conviction profonde, les inconvénients d'une transaction usuraire, qui, comparée aux transactions communes, devait nous grever à la fois, non seulement d'un double intérêt pour un temps indéfini, mais encore d'un double capital; et tel fut réellement le résultat du premier emprunt de cent millions, négocié au-dessous de 50 pour cent, comme le *Moniteur* le rappelle aujourd'hui.

Je m'efforçais de faire sentir la différence des éléments de la fortune publique, ainsi que des fortunes particulières en Angleterre et en France, pour prouver que les mêmes règles d'administration et les mêmes opérations de finance ne pouvaient pas convenir aux deux pays.

Je remarquais combien il paraissait contraire à nos intérêts, d'assimiler un emprunt auquel on affectait tant de garanties et tant de moyens d'amortissement, à une dette qui, depuis long-temps négligée, perdait 45 pour cent.

Je montrais la dangereuse influence que les étrangers allaient obtenir dans nos affaires intérieures, et la certitude qu'au premier moment périlleux, au premier mouvement de jalousie nationale, à la première menace d'une guerre sérieuse ou de troubles intérieurs, c'est-à-dire à l'époque des plus grands besoins, ils ruineraient notre crédit et nous plongeraient dans la détresse, en retirant leurs fonds.

Enfin, je m'affligeais de voir abandonner toutes les anciennes idées d'ordre, d'économie, de sévérité, de prospérité intérieure, pour livrer la France à tous les hasards, à toutes les fluctuations, à toute l'immoralité d'un honteux agiotage; et je présentais plusieurs moyens de pourvoir aux besoins publics, sans la soumettre à tant de sacrifices, sans l'exposer à tant de malheurs.

Tout ce que je disais avait, dans mon esprit, le caractère et l'éclat de l'évidence, et cependant, par une juste défiance de moi-même, je craignais de me tromper; je craignais d'avoir embrassé des illusions ou d'avoir suivi de fausses lueurs, jusqu'à ce que le *Moniteur* du 4 mars 1817, m'apporta un discours prononcé par M. de Villèle à la chambre des députés, et dans lequel se trouvaient exprimées avec éloquence les principales idées que depuis trois mois je soumettais au ministère.

Alors, je l'avoue, mes incertitudes cessèrent; je fus persuadé que j'avais plaidé la cause de la raison, celle des vrais principes d'économie publique, et celle des vrais intérêts moraux, politiques et financiers de la France.

Mais les patriotiques efforts de votre excellence n'eurent pas plus de succès que les miens : on vous opposa, comme à moi, cette raison de fer : la nécessité; on invoqua l'impérieuse urgence des besoins, l'immensité des intérêts; on demanda de la célérité: et le système que vous combattiez fut consacré.

Il a été fatal, sans doute, ce système; il a doublé la taxe de guerre que les alliés nous avaient imposée: mais peut-être était-il en effet devenu inévitable quand les chambres l'adoptèrent; c'était dans le principe, c'était trois mois auparavant que le ministre aurait dû le repousser.

Les capitaux, en Europe, étaient dans une telle abondance, qu'un emploi leur était nécessaire, autant que les capitaux eux-mêmes étaient nécessaires à l'administration française. Ce fait bien clairement reconnu, il est évident qu'avec de l'habileté et de la fermeté, au lieu de subir des lois si dures. on aurait pu, jusqu'à un certain point, forcer les capitaux à suivre le cours qu'on leur aurait tracé, et la voie d'écoulement qu'on leur aurait ouverte.

Quoi qu'il en soit, les circonstances étaient si graves et si difficiles, qu'après avoir attaqué le projet ministériel au sein même du ministère, j'aurais regardé comme un crime tout effort pour le discréditer lorsqu'il eut reçu la sanction législative. Nous étions entre l'oppression des banquiers et celle des baïonnettes.... Il fallait éloigner les étrangers de la France. Tout était juste alors... Je gardai le silence, et je l'ai gardé depuis.

Cependant, s'il faut en croire les bruits publics, les mouvements de la bourse, et ce que nous dit aujourd'hui même le *Moniteur*, nous voilà menacés de voir développer, de voir étendre et prolonger indéfiniment, comme à plaisir, sans aucune nécessité, sans aucun avantage, ou plutôt avec un immense préjudice pour les intérêts publics et privés, non seulement les inconvénients les plus graves d'un système, auquel votre excellence opposa, si vivement, toute la force de son talent et tout l'ascendant de son nom; mais encore des effetsnouveaux, beaucoup plus désastreux, et créés, pour ainsi dire, tout exprès.

On parle de rembourser la dette publique, ou d'en réduire l'intérêt à 4 p. o/o; et cette opération devrait s'exécuter en créant des inscriptions de rente à 3 p. o/o, afin de les livrer, au prix de 75 fr., soit à une compagnie qui fournirait des fonds, soit aux créanciers qui, en échange de leurs titres, voudraient recevoir 4 fr. de rente dans les 3 p. o/o, au lieu d'un capital de 100 fr. pour 5 fr. de leur rente actuelle!... Le trésor serait déchargé de 28 millions annuels.

Serait-ce bien là, en effet, ce qu'on voudrait faire considérer comme une réduction de la dette publique? Certes, il est bien vrai que, par cette étrange combinaison, on réduirait la rente d'un cinquième au préjudice des créanciers actuels de l'état;

mais il n'est pas moins certain qu'on accroîtrait le capital de la dette de 33 1/3 pour o/o, au préjudice des contribuables : il serait difficile de réussir plus complètement à ruiner et mécontenter tout le monde.

L'opération, exécutée sur 197 millions de rentes inscrites, accroîtrait notre dette publique d'un milliard 313 millions, et ajouterait tout le poids de cette énorme somme aux charges de l'état. Exécutée sur 140 millions, comme on le propose dans le *Moniteur*, elle accroîtrait la dette seulement de 933 millions.

Ce ne serait donc pas assez d'avoir payé, jusqu'ici, aux spéculateurs étrangers, qui nous achetèrent nos rentes à 50 pour o/o en 1817, un intérêt de 10 pour o/o, et d'avoir, en outre, plus que doublé leur capital, en portant le prix des rentes au-dessus de 100 francs, par le concours de la caisse d'amortissement avec les transactions particulières ; il faut encore que nous leur offrions une prime nouvelle de 33 1/3 pour o/o (indépendamment des commissions qu'on leur alloue), afin d'obtenir d'eux la remise d'un cinquième, sur les annuités qui leur appartiennent, et les moyens de contraindre à la même remise, par une menace inexécutable, les porteurs de celles qui ne leur appartiennent pas !...

Ces dispositions doivent, sans doute, convenir beaucoup, aux grands capitalistes qui veulent traiter avec le ministère. Il leur est très avantageux de renoncer, pour quelque temps, à une portion du superflu de leurs revenus, afin d'obtenir ensuite un gros capital. C'est pour eux de l'argent très bien placé; c'est pour eux un bénéfice, comme c'est pour l'état une perte réelle de 200 pour o/o si les trois pour cent s'élèvent au pair, seulement dans dix ans. Ils reçoivent de plus, sans doute, une commission sur les rentes qu'ils possèdent et une commission sur celles qu'ils ne possèdent pas, pour forcer la masse entière à la réduction; tout est profit pour ces messieurs.

Il n'en est pas de même du petit rentier : privé tout-à-coup, et sans avoir pu le prévoir, du cinquième de ses moyens d'existence, il est jeté dans le plus pénible embarras; le voilà dans la nécessité de changer toute son économie, et peut-être dans l'impossibilité d'y réussir. Quelle détermination lui inspirera sa détresse? On peut le dire déjà, en voyant l'empressement avec lequel les petites parties de rentes sont retirées de la caisse d'épargne et vendues. Il réalisera son capital, pour acheter des effets étrangers; et si, dans le temps, ces effets ne sont pas exactement payés, il se trouvera dans la plus profonde misère, ou si, bientôt, ces effets sont aussi soumis à une réduction, comme tout porte à le croire, il éprouvera une perte plus forte encore que celle à laquelle il aura voulu se soustraire. C'est ainsi que la classe pauvre est celle qui a le plus souffert, par la dépréciation de la rente d'Espagne.

Le contribuable, frappé moins directement, ne doit pas être, cependant, plus satisfait que le rentier: car, ces immenses bénéfices qu'on attribue si généreusement aux spéculateurs, c'est lui qui doit les payer; cette charge nouvelle d'un milliard, c'est sur lui qu'elle doit tomber.

Et qu'on ne dise pas que ce milliard ne se paiera jamais, parcequ'on ne remboursera pas les 3 pour o/o. Ce serait déclarer que la France ne sera jamais libérée de sa dette. Qu'on ne dise pas que ce paiement ne doit pas nous intéresser, parcequ'il regarde un avenir si éloigné qu'à peine il est possible de l'apercevoir; un gouvernement qui ne considère pas l'avenir ne voit pas même le présent. D'ailleurs, il est bien complètement faux que le paiement doive être fort éloigné; il commencera le jour même où les 3 pour o/o auront été créés, si, comme on l'affirme, et comme tout l'annonce, les nouvelles rentes s'élèvent au-dessus du pair.

Toutes les sommes que la caisse d'amortissement donnera au-dessus de 75 francs pour 3 francs de rente, seront un à-compte sur le paiement du milliard de dette nouvellement inventé.

Si les 3 pour cent atteignent le prix des 3 pour cent anglais, qui est 95, la caisse d'amortissement paiera 20 millions au-delà de ce que le gouvernement aura reçu de ses prêteurs, pour chaque somme de 3 millions de rente qu'elle rachètera; et, en admettant que cette caisse, avec les moyens immenses qui sont en son pouvoir, rachète, seulement, à ce taux environ 4 millions cinq cent mille francs de rente par an, les 28 millions annuels qu'on aura pris aux rentiers seront donnés, par elle, annuellement, aux capitalistes, en attendant mieux.

Alors l'état, à qui appartiennent, sans doute, les fonds de la caisse d'amortissement, comme ceux du trésor, ne paiera pas un centime de moins qu'avant la réduction; les rentiers seront privés de 28 millions; ces 28 millions seront la proie des agioteurs, et cette proie s'accroîtra pour eux d'année en année, au détriment des vrais créanciers de l'état, comme au détriment des contribuables.

Que serait-ce donc si, au lieu de déclarer éteints au profit du trésor les 28 millions de rente représentant la réduction, on les reconstituait, en totalité ou en partie, avec une destination particulière!...

Il est manifeste que l'état se trouvant ramené, prochainement, ainsi que je l'ai dit, à payer, à titre de prime ou d'accroissement sur le capital réel des 3 pour o/o, d'abord 28 millions, et plus tard progressivement 40, 50, 60 millions, et payant d'un autre côté les rentes reconstituées, il se trouverait grevé d'une double ou triple charge. Je ne sais comment on n'est pas frappé, comment on n'est pas effrayé d'un résultat si désastreux.

Les chiffres sont la langue des finances. Qu'il me soit permis de présenter ici le calcul des bénéfices acquis et offerts aux souscripteurs de l'emprunt, ou à leurs cessionnaires, sur la première somme de 100 millions, prêtée, au commencement de 1817, à 50 pour o/o.

Ils ont reçu de l'état 10 millions de rente, qui, en sept ans, ont produit pour eux		70,000,000 fr.
Ces dix millions valent aujourd'hui en capital.		200,000,000
		270,000,000
En déduisant de cette somme,		
1° Le capital emprunté.	100,000,000	
2° L'intérêt légal pour sept ans . . .	35,000,000	135,000,000
On trouve que l'état, pour un capital de 100 millions, a sacrifié au-delà de l'intérêt légal.		135,000,000
Aujourd'hui, on propose d'ajouter, par le nouvel emprunt, aux 200 millions de capital, que représentent 10 millions de rente, 33 1/3 pour cent, c'est-à-dire. .		66,600,000
		201,600,000

L'état alors, pour un emprunt de 100 millions, aurait donné en pure perte, au-delà du capital primitif et de l'intérêt légal, 201 millions 600 mille francs.

Il est aisé de comprendre, maintenant, pourquoi les banquiers étrangers s'obstinèrent, en 1817, à nous imposer la malheureuse forme d'emprunt qui fut adoptée : aucune autre n'aurait pu leur offrir d'aussi monstrueuses chances de gain.

Aujourd'hui, ayant atteint la limite de leurs bénéfices par l'élévation de la rente au pair, ils inventent l'emprunt nouveau, pour étendre encore ce vaste champ d'agiotage, qu'ils ont si avidement et si complètement moissonné.

Le ministère de 1817 était sous les baïonnettes : ce fut son excuse.

Quelle serait celle du ministère de 1824, qu'aucun besoin ne presse ; qui subirait au sein de l'abondance les dures conditions imposées alors à la détresse ; qui ne jouirait pas même, ainsi que je l'ai démontré, de la réduction des rentes qu'il aurait payée si cher, et à qui les résultats seuls apprendraient, si prochainement, qu'il aurait créé en pure perte un nouveau milliard de dette ? Aussi ne puis-je croire que le projet annoncé dans le *Moniteur* soit réellement celui des ministres.

J'ai dit que les banquiers qui négocient seraient appelés pour contraindre les créanciers, *par une menace inexécutable*, à subir la réduction de leurs rentes. Qui voudra croire, en effet, que si tous les porteurs d'inscriptions pouvaient s'entendre pour demander le remboursement de 140 millions de rentes, ces messieurs fourniraient deux milliards huit cents millions nécessaires pour l'opérer? Ne les avons-nous pas vus, à une autre époque, demander et obtenir la résiliation d'un marché, qui n'avait pour objet que 100 millions, en se déclarant dans l'impossibilité de l'exécuter?...

Chacun sent qu'il n'y a pas ici offre réelle de remboursement, mais seulement une coalition formée, pour soumettre isolément chaque rentier, à la volonté réunie du ministère et des banquiers; et nul ne cédera sans éprouver ce pénible sentiment qui saisit le cœur, lorsqu'en marchant sans défiance, on est tout-à-coup surpris et arrêté dans un piége.

Ce n'est pas que je conteste au gouvernement, comme beaucoup d'autres, le droit de rembourser le capital des rentes. Notre code ne reconnaît aucune dette irrachetable; mais je crois que, lorsque le ministère annonce un remboursement, ce doit être avec sincérité, avec la possibilité de l'exécuter, et non pas, pour ainsi dire, avec le dessein de troubler seulement l'imagination des créanciers, pour les forcer, par une terreur chimérique, à subir sa loi.

L'offre d'un remboursement de deux milliards

huit cents millions, ne paraîtra jamais faite avec franchise, parcequ'elle est impossible à réaliser; et si elle était réalisable, je crois encore qu'il ne faudrait pas la faire, parcequ'elle serait une véritable contrainte pour les créanciers, ne leur laissant aucune possibilité d'accepter et d'employer une telle masse de fonds.

En un mot, je suis persuadé qu'il serait aussi contraire à la justice et à la loyauté, de demander tout-à-coup, une réduction de rentes sur un capital de près de trois milliards, sous peine de remboursement immédiat, que contraire aux intérêts de l'état, d'obtenir cette réduction par un accroissement de 33 1/3 pour cent, sur ce même capital.

Sommes-nous donc condamnés à nous interdire tout remboursement? La caisse d'amortissement doit-elle continuer d'acheter des rentes au-dessus du pair? et si elles s'élèvent encore, devra-t-elle payer au prix de 115 ou 120 francs ce que nous avons été forcés de livrer pour 50, ce qui jamais ne nous a produit plus de 88 francs?

Non, sans doute; et, après avoir exposé sans détour, mon opinion sur le projet annoncé dans le *Moniteur,* je prie votre excellence de permettre que je lui soumette quelques idées sur les moyens qui pourraient être mis en usage, afin de parvenir graduellement, à l'extinction de la dette publique, avec les seules ressources que le gouvernement possède, avec les justes égards qu'une administration paternelle doit à la classe nombreuse des rentiers, et avec l'avantage de procurer aux contribuables une diminution prochaine de leurs impôts, au lieu de jeter sur eux une nouvelle dette d'un milliard.

Des moyens de remboursement.

J'ai reconnu le droit de rembourser la dette ou de la réduire. Personne n'ignore qu'il existe et qu'il est pratiqué dans le système anglais, que nous avons adopté.

La plus grande partie de nos emprunts ayant été négociés avec des banquiers anglais, ou très familiers avec les transactions de la même nature en Angleterre, il n'a pas pu être dans leurs intentions, quand ils ont traité, d'exclure la faculté du remboursement. Si cette condition fût entrée dans leurs vues ou leurs intérêts, ils n'auraient pas manqué de la consigner dans une stipulation formelle.

Ce que les banquiers n'ont pas exigé, leurs cessionnaires médiats ou immédiats, porteurs d'inscriptions, ne peuvent pas, avec justice, le demander aujourd'hui. Il n'est pas d'ailleurs un seul capitaliste qui, en prenant part aux emprunts, eût la pensée de repousser un remboursement à raison de 100 fr. pour 5 fr. de rente; tous, au contraire, auraient embrassé avec joie, et comme un grand bonheur, l'espérance d'obtenir un remboursement semblable.

Aussi, suis-je persuadé qu'il n'y aurait pas peut-être, une seule réclamation si le ministère, ayant annoncé à temps une opération utile à l'état, l'exécutait avec mesure et progressivement, au moyen des ressources que son économie aurait ménagées, ou même, au moyen d'un emprunt franchement contracté, au taux d'intérêt que l'on propose aux rentiers.

Mais quand le ministère offre un remboursement de trois milliards, on sait bien qu'il ne les possède pas ; on sait bien aussi qu'il ne peut pas les emprunter à 4 pour cent, ni à aucun autre prix, et on demeure involontairement livré à je ne sais quelle idée vague de déception... On se trouve jeté dans l'inquiétude, le mécontentement, les conjectures...

Quelle est la supposition la plus générale?... C'est qu'on offre au ministère, par une transaction fort onéreuse, une centaine de millions, afin qu'ils s'en serve comme d'un épouvantail, pour forcer les rentiers, pris au dépourvu, à la réduction qu'on prétend leur imposer.

A quel taux d'intérêt ces cent millions peuvent-ils être empruntés? Le *Moniteur* dit que ce sera à 4 pour cent, puisque le gouvernement ne donnera aux banquiers que 3 fr. de rente pour 75 fr.

de capital; moi, je dis que ce sera à 8, à 10, à 15 pour cent, et je le prouve.

Il est vrai que les banquiers donneront 75 francs pour 3 francs de rente, et par conséquent 100 fr. pour 4 francs de rente; mais l'état se reconnaîtra débiteur de 100 francs comme capital remboursable, pour 3 francs de rente, et de 133 1/3 pour 4 francs; en d'autres termes, il doit accorder sur le capital qu'il recevra une prime de 33 1/3 pour cent. Qu'est-ce autre chose qu'un accroissement d'intérêt?

Si le remboursement devait se faire dans trente-trois ans, cet accroissement serait d'un pour cent; dans onze ans, de 3 pour cent; dans cinq ans et demi, de 6 pour cent; dans trois ans, de 11 pour cent. Ainsi cet intérêt, fixé nominalement à 4, pourrait être porté, par la combinaison de la rente avec la prime, à 5, à 7, à 10, à 15 pour cent.

Ce n'est pas tout : je vais démontrer que si on emprunte 100 millions aux conditions indiquées dans le *Moniteur*, on paiera sur cette somme, et dans un très court délai, suivant les calculs et les conjectures du *Moniteur* lui-même, un intérêt qui peut excéder 8, 10 et 15 pour cent.

Établissons, en effet, que le ministère reçoive 100 millions, et constitue, en représentation de cette somme, une rente de 4 millions dans les

3 pour cent à 75. *Il est probable*, dit le *Moniteur*, *que les 3 pour cent ne tarderont pas à s'élever au-dessus de ce taux*; et plus bas il ajoute : *Le taux de 3 pour cent, qui d'abord ne va être que nominal, deviendra progressivement le taux réel, à mesure que le cours des nouvelles rentes approchera du pair.* Nous aurons donc, suivant le *Moniteur*, des 3 pour cent, d'abord au-dessus de 75, et qui s'élèveront jusqu'à 100.

Tâchons de suivre cette progression.

Le cours actuel de nos rentes, au milieu des incertitudes qui le troublent, et le cours des 3 pour cent anglais, à 95, ne permettent guère de croire que les 3 pour cent français puissent s'ouvrir au-dessous de 80.

L'état sera donc forcé de donner, par l'intermédiaire de la caisse d'amortissement, dès le lendemain du jour où il aura fait son emprunt, 5 francs de prime pour chaque 3 francs de rente par lui constitués, ou pour chaque somme de 75 francs qu'il aura reçue.

Il paiera donc 6 2/3 pour cent d'intérêt, pour vingt-quatre heures, sur tous les capitaux qu'il rachètera ce jour-là.

L'opération se continuant et le cours des rentes s'élevant toujours, il est possible qu'il monte dans un mois, dans deux mois, à 85; alors l'état paiera 13 1/3 pour cent sur des fonds dont il n'aura joui qu'un ou deux mois, et si le prix de nos 3 pour cent devenait, dans l'année, égal au prix actuel des 3 pour cent anglais, qui est 95, avec apparence de hausse, nous paierions 26 2/3 pour cent d'intérêt, sur les capitaux que la caisse d'amortissement rachèterait alors.

Cette caisse possédant en dotation ou en propriété 72 millions de rente, indépendamment du produit des ventes de bois, doit opérer par voie de rachat, dans seize ou dix-huit mois au plus tard, le remboursement des 100 millions empruntés par le gouvernement; et le terme moyen des calculs que je viens de présenter, sur les données fournies par le *Moniteur*, même sans avoir élevé comme lui la rente jusqu'au pair, donne une prime de 15 à 16 pour cent sur ces 100 millions, indépendamment des semestres qui auront pu être payés aux porteurs d'inscriptions.

Je le demande, une administration qui ferait un tel marché, qui consentirait à payer, directement ou indirectement, de tels intérêts, montrerait-elle de la droiture, de la délicatesse, j'oserais presque dire de la probité, en exigeant de ses anciens créanciers qu'ils réduisissent de 5 à 4 pour cent les rentes qu'elle leur doit, et en les y contraignant par une surprise?

Ce n'est pas ainsi que procéda l'administration anglaise, lorsqu'en 1822 elle opéra la réduction des 5 pour cent de la marine, et ce n'est pas ainsi qu'elle va procéder, en opérant une réduction nouvelle.

Cependant j'ai dit que le gouvernement avait le droit de rembourser la dette publique, et que, graduellement, il pouvait le faire, ou se ménager une réduction sur la rente avec ses propres ressources.

On me demandera, sans doute, où se trouvent ces ressources. Je répondrai: A la caisse d'amortissement, et dans les excédants de recette que chaque exercice laisse au trésor.

Toute l'obscurité répandue sur la matière dont je m'occupe, toutes les difficultés qui entravent l'administration, tiennent, si je ne me trompe, à l'oubli d'un principe bien simple et bien incontestable: c'est qu'un gouvernement, s'il peut être obligé (ce qu'on ne tolérerait pas entre particuliers) à payer à ses créanciers un capital supérieur à celui qu'il en a reçu, ne peut pas, du moins, avoir l'obligation de leur payer un capital plus fort que celui stipulé dans les contrats d'emprunt.

Les lois réprouveraient la convention par laquelle un propriétaire s'obligerait envers un capitaliste, à lui bonifier 10 pour cent d'intérêt, et à ne pouvoir se libérer qu'au moyen d'un capital double de celui qu'il aurait emprunté.

Cet accord est admis entre un gouvernement et

ceux qui lui prêtent : aussi trouve-t-on dans ses marchés, quand il constitue des rentes, l'énonciation de deux capitaux, celui qu'il reçoit et celui qu'il s'oblige à payer.

Quand il dit : J'emprunte à 50, 60, 80 pour cent, c'est précisément comme s'il disait : « Pour » le capital de 50, 60 ou 80 qu'on me donne, je » rembourserai, à ma volonté, 100 fr., et jusque » là je paierai l'intérêt de ces 100 fr. à 5 pour » cent. »

Si telle n'était pas l'intention du capitaliste qui prête et du gouvernement qui emprunte, la mention de deux capitaux serait inutile ; il suffirait d'exprimer la somme reçue et la rente promise.

Après une telle stipulation, n'est-il pas étrange que la caisse d'amortissement rachète des rentes au-dessus du pair ?....

Cet établissement, considéré relativement aux intérêts des rentiers, est institué pour empêcher la dépréciation des effets publics, par des achats journaliers, quand ils sont au-dessous de 100 francs, et, dans l'intérêt de l'état, il doit en opérer le remboursement quand ils sont au pair.

Je ne pense pas qu'il soit entré jamais dans la pensée du législateur, ni du ministère qui emprunta, ni des compagnies qui prêtèrent, d'imposer à l'état l'obligation de payer des rentes au-dessus de 100 francs ; ce serait une obligation contraire aux stipulations faites avec les prêteurs et aux termes mêmes des inscriptions.

Il serait trop manifestement absurde qu'un débiteur allât, chaque jour, concourir à des enchères publiques, pour augmenter, par ses propres efforts, le montant de sa dette, en sorte que plus il paierait, moins il serait libéré.

Que la caisse d'amortisement rachète ou rembourse des rentes au pair, sa richesse toujours croissante lui permet de devenir propriétaire, en vingt ans, des cent quarante millions de rente qu'on propose de soumettre à la réduction, et qui coûteront deux milliards huit cents millions.

Qu'on la force à continuer de faire ses achats au cours illimité de la bourse, il est vraisemblable qu'elle n'achètera pas la moitié des cent quarante millions, au-dessous du taux moyen de 125, et qu'à l'époque où elle aura retiré de la circulation, à ce prix, 70 millions de rente, les 70 autres millions seront au cours de 200; c'est-à-dire qu'on les évaluera sur un revenu de deux et demi pour cent.

Alors la caisse d'amortissement, ayant déjà payé un milliard 750 millions, pour racheter laborieusement la première moitié de la dette, aurait encore à payer, pour racheter la seconde moitié, deux milliards 800 millions, valeur entière des 140 millions au pair.

Une fausse doctrine nous coûterait donc, en pure

perte, un milliard 750 millions. Cela vaut la peine qu'on y pense.

Au surplus, consacrer l'obligation, pour l'état, d'acheter des rentes à la bourse au-dessus du prix de 100 francs, ce serait proscrire le droit de remboursement, qui me paraît incontestable, et qui l'est sans doute, aussi, aux yeux du ministère, puisqu'il veut l'exercer. Quel motif, en effet, y aurait-il pour payer au-dessus du pair ce que l'on aurait la de la faculté de rembourser?

Le principe que je viens de développer bien établi, voici sommairement les dispositions que je proposerais de consacrer par un acte législatif:

1° La caisse d'amortissement ne serait plus tenue d'admettre aucun transfert de rente, pour un prix calculé 100 francs et à l'intérêt de cette somme depuis le premier jour du semestre courant; mais supérieur à elle continuerait ses achats journaliers chaque fois qu'on lui en offrirait au taux de 100 francs en capital, ou au-dessous, suivant le cours bourse.

2° Toutes les sommes que le cours élevé des effets publics empêcherait la caisse d'amortissement d'employer en achat de rentes, seraient placées sur des effets à court terme, produisant intérêt, pour former une réserve, à laquelle serait réuni, chaque année, pour concourir an remboursement légal des rentes, l'excédant des recettes sur les dépenses qu'aurait laissé au trésor royal l'exercice précédent.

3° Le remboursement serait annoncé trois mois à l'avance, et aurait lieu par séries, dans un ordre déterminé par le sort, chaque fois qu'une somme de 100 millions aurait été réunie.

4° Des dispositions seraient faites pour laisser aux rentiers le choix entre le remboursement effectif et une réduction d'intérêt.

5° Les rentes dont les titulaires auraient consenti à la réduction ne pourraient plus être remboursées qu'après six ans.

6° Toutes les rentes rachetées ou remboursées appartiendraient à la caisse d'amortissement, pour servir, avec sa dotation actuelle et avec les rentes dont elle est déjà propriétaire, à ses opérations de bourse ou de remboursement.

7° Le montant total des réductions auxquelles les rentiers auraient consenti, s'éteindrait à la décharge du trésor et des contributions directes.

Ou je me fais illusion, ou ce projet, d'une exécution prompte et facile, est de nature à satisfaire tous les intérêts (hormis peut-être ceux des grands spéculateurs), et à calmer toutes les inquiétudes qui se sont manifestées.

Les rentiers, certains de conserver encore, pendant quelque temps, la totalité de leurs revenus, pourraient se préparer, soit au remboursement, dont ils seraient avertis, soit à la réduction; et, comme on se familiarise chaque jour avec l'idée de voir le cours de nos effets publics se rapprocher du cours des effets anglais, ce serait assez, au milieu de l'abondance des capitaux qui cherchent des placements, pour maintenir la rente au-dessus du pair.

Dès lors, la caisse d'amortissement aurait peu de rachats à faire à la bourse ; et on ne peut guère douter qu'avec les 72 millions de sa dotation ou de ses rentes, avec les produits des ventes de bois et avec les excédants de recettes qui lui seraient versés par le trésor, elle n'eût réuni, dans le cours de l'année prochaine, la somme nécessaire pour opérer le premier remboursement.

L'offre de remboursement pourrait être conçue de manière qu'une partie des rentiers préférant la réduction, on proposerait de rembourser successivement d'autres séries; en sorte que, dans un espace de temps qui ne serait pas trop long, on réduirait la dette entière.

Cet avantage serait obtenu, non pas avec le secours intéressé des étrangers, et par une sorte de simulation, mais avec les richesses de l'état, avec des fonds matériellement en caisse; et, loin de mettre un milliard à la charge de l'avenir, on soulagerait presque immédiatement les contribuables, et on pourrait encore employer, avec d'immenses avantages pour la prospérité publique, les fonds que les rentiers laisseraient disponibles, en se soumettant à la réduction.

En moins de vingt ans, les 140 millions de nos rentes que l'on ne considère pas comme immobilisées seraient éteintes.

Enfin, il résulterait de l'exécution de mon projet (susceptible d'ailleurs de beaucoup de modifications) que la valeur de nos rentes serait presque irrévocablement fixée. On ne les verrait guère plus au-dessous du pair, et tout ce qu'elles gagneraient au-dessus, leur serait acquis par la confiance et la concurrence des capitalistes, sans aucune intervention du gouvernement, sans aucun sacrifice des deniers publics. Avec quelques mesures pour régler la bourse, on leur donnerait presque la consistance et la solidité des immeubles : l'agiotage manquerait d'aliments et se découragerait; nous rentrerions dans le vrai, dans la morale, et nous n'aurions compromis, ni pour le présent ni pour l'avenir, aucun des éléments de la fortune publique.

Quelles ressources, quels moyens de grandeur, de générosité, de bienfaisance, pourrait fournir une opération destinée à produire de tels résultats, en même temps qu'elle affranchirait nos finances de l'influence des étrangers !

On a parlé, au sujet du remboursement ou de la réduction des rentes, d'une intention manifestée par le roi à l'ouverture des chambres, et le *Moniteur* l'a rappelée. S'il était permis de pénétrer dans la pensée royale, et d'exprimer un avis sur un projet qu'à peine le monarque a voulu laisser entrevoir, j'oserais dire, et dans l'intérêt du trône et dans l'intérêt de ceux qui ont interprété les paroles de S. M. comme une promesse en leur faveur : Si vous voulez concilier à l'opération que vous avez en vue le suffrage de l'opinion publique, gardez-vous de la discréditer par des conceptions qui attaquent tant d'intérêts ; faites en sorte, plutôt, de la lier à un grand bienfait public ; surtout, n'autorisez jamais à dire qu'on veut l'exécuter en prenant aux rentiers le cinquième de leur revenu, et en imposant un milliard de dette aux contribuables ; idée trop simple pour ne pas devenir facilement populaire, idée d'une portée trop étendue pour ne pas produire une impression profonde et durable...

Telles sont, monsieur le comte, les observations qui se sont présentées à mon esprit, après la lecture du *Moniteur*. Je les ai recueillies très à la hâte, et je dois craindre de les avoir très imparfaitement exprimées.

Je les soumets à Votre Excellence ; si elles obtiennent votre suffrage, il vous appartient de leur donner toute la force et tous les développements qui peuvent leur manquer.

Des considérations d'économie politique d'un grand intérêt, des réflexions sur l'immensité des emprunts publics en Europe, sont venues plusieurs fois sous ma plume pendant que j'écrivais cette lettre. J'ai cru devoir les écarter, pour rester dans les limites les plus étroites de mon sujet, et pour conserver, dans une discussion purement financière, la plus parfaite simplicité.

Mais j'ai fait des vœux pour que la France pût se soustraire, quand il en est temps encore, aux ruineuses séductions d'un système dont les combinaisons accélèrent de jour en jour l'inévitable catastrophe qui doit bouleverser les fortunes des états fortunes privées.

C'est pour la seconde fois que j'ai cru devoir présenter des observations au ministère sur les matières encore mal éclaircies de crédit public. En 1817, mes opinions, sur ces matières, s'accordaient parfaitement avec celles de Votre Excellence, et j'eus presque à me féliciter d'avoir deviné vos pensées. Je serais heureux si, en 1824, mes propositions pouvaient obtenir quelque influence utile aux intérêts publics.

J'ai l'honneur d'être, avec la plus haute considération, etc.

LE COMTE DE MOSBOURG.

www.ingramcontent.com/pod-product-compliance
Ingram Content Group UK Ltd.
Pitfield, Milton Keynes, MK11 3LW, UK
UKHW020441220726
13923UKWH00005B/2255